Münsterschwarzacher Kleinschriften

herausgegeben
von den Mönchen der Abtei Münsterschwarzach

Band 62

Reinhard Abeln/Anton Kner

Kein Weg im Leben ist vergebens

Wüstenerfahrungen sind unersetzbar

Vier-Türme-Verlag

5., überarbeitete Auflage 2003

Umschlaggestaltung: Morian & Bayer-Eynck, Coesfeld
Umschlagmotiv: Image State
Gesamtherstellung: Benedict Press, Münsterschwarzach

Die Deutsche Bibliothek – CIP-Titelaufnahme
Abeln, Reinhard:
Kein Weg im Leben ist vergebens: Wüstenerfahrungen
sind unersetzbar / Reinhard Abeln; Anton Kner
Münsterschwarzach: Vier-Türme-Verlag, 1990
(Münsterschwarzacher Kleinschriften; Bd. 62)
ISBN 3-87868-415-0
ISSN 0171-6360

Inhalt

Auf jede Nacht folgt ein neuer Morgen.
Wenn du dazu ja sagst, wenn du das hinnimmst,
wirst du durch dieses Auf und Ab zu immer
größerer Lebenshilfe und Lebensfreude kommen.

Phil Bosmans

Ein Wort zuvor

Jeder weiß, was Wüste ist, und weiß es vielleicht doch nicht. »Wüste« ist ein Schlüsselwort in der Bibel. (Vgl. 4 Mose 1,1; 5 Mose 8,2; Psalm 68,5; Matthäus 3,3; Hebräer 11,38; Apostelgeschichte 12,6) Wer es versteht und richtig deutet, besitzt den Schlüssel zu vielen Geheimnissen.

Diese Schrift schildert die Wüste als Ort des Verlassenseins, des Versagens und Verzagens, des Nicht-mehr-Könnens (trotz Wollens) – aber gleichzeitig auch als Ort der Begegnung mit Gott. Nach der Bibel (zum Beispiel Hosea 2,16) ist die Wüste der Ort, wohin Gott sein Volk geführt hat, um es ungestört lieben zu können; der Ort, wo der Mensch alles, aber auch gar alles empfängt.

Durch die Wüste zu gehen, so möchten unsere – der Erfahrung im Alltag abgelauschten – Ausführungen zeigen, muß nicht eine Last bleiben, sondern kann zur großen Chance des Lebens werden. Nur der, der »ganz unten« ist, weiß, wo »oben« ist. Nur wer die »Dunkelheit« kennt, weiß, was »Licht« ist. Nur wer schreit, ertrinkt nicht und darf Hilfe erwarten.

Wer Wüstenerfahrung besitzt, weiß darüber hinaus, daß es für ihn keinen wichtigeren Gesprächspartner gibt als Gott selbst. Er hat die heilsame Entdeckung gemacht: Das Heil kommt aus der Wüste. Gott holt den Menschen dort ab, wo er »auf der Stelle tritt«, lust- und schwunglos, rat- und hilflos ist, nicht mehr weiter weiß, »total fertig« ist.

Niemand hat dies tiefer erfahren als der dänische Philosoph und christliche Mystiker Sören Kierkegaard (1813–1855). Ihm ist das großartige Wort gelungen: »Ich wäre zugrunde gegangen, wenn ich nicht zugrunde gegangen wäre.« Seine Wüstenerfahrung, sein Grenzerlebnis, sein »Zugrundegehen« war die Voraussetzung, daß er zum einzig tragenden Grund, zu Gott, gekommen ist.

Diese Schrift will niemanden belehren. Sie wird gewagt in der Hoffnung, daß möglichst viele erkennen mögen: Kein Weg im Leben ist vergebens. Selbst der Gang durch die Wüste hat seinen großen Wert. »Du siehst alles anders und viel besser mit Augen, die geweint haben«, sagt eine alte Lebensweisheit.

Wer das hier Gesagte in Stille und Muße überdenkt und bedenkt, kann lernen, »daß Ruhe oft Handeln ist, Bewegung oft Stillstand, Zerfall oft nur Vorstadium der Neugeburt und daß die Wüste reiches Leben birgt« (Ulrich Schaffer). Es stimmt: Gott lädt einem nicht mehr auf, als man tragen kann!

Was ist mein Leid gegen seines?

Ein Tourist fragte die Bergbäuerin, bei der er ein Zimmer für den Sommer gemietet hatte: »Gibt es eine Möglichkeit, die Sonntagsmesse zu besuchen?« »Freilich«, antwortete sie, »es gibt ein kleines Kircherl in der Nähe, ich gehe auch hin.«

In der einfachen, aber gemütlichen Stube ergab sich dann ein Gespräch. Die eine Wand des Zimmers war vollbehängt mit Photographien verschiedener Menschen, jüngerer und älterer. »Das ist mein Mann«, meinte die Bergbäuerin auf die stumme Frage des Gastes. »Beim Holzfällen erschlagen. Das sind meine beiden Buben, im Krieg gefallen. Das ist meine Tochter, an Krebs gestorben.«

So viel Unglück, wie wird man damit fertig? Als hätte sie diese Frage gehört, meinte die Bäuerin: »Da hilft kein Trost von unten, der muß schon von oben kommen. Beim ersten Todesfall kann man noch trauern, aber wenn es dann so dick kommt, wird man stumm.«

Ja, das könne er schon verstehen, meinte betreten der Gast. »Aber das taugt nichts«, meinte die Bergbäuerin. »Zuerst habe ich dem Herrgott sehr übel genommen, mir meine Familie genommen zu haben. Ich habe gehadert wie der Ijob, und hatte doch beim Ijob auch keinen Trost erhalten, denn ihm ist schließlich seine Familie zurückgegeben worden. Ich ging dann auch gar nicht mehr zur Kirche. Konnte nicht, bis mir einmal ein Sommergast, ein Bildschnitzer, diesen Christus auf dem Kreuz geschenkt hat, den Sie hier im Herrgottswinkel sehen. Ich bin lange davor gesessen, in den Wintermonaten, wo keine Gäste da waren und ich Zeit zum Sinnieren hatte. Ja, Christus hat mehr gelitten als ich, was ist mein Leid gegen seines? Und da habe ich die Kraft gefunden, zu leben und mir das nehmen zu lassen, was mir der Herrgott genommen hat.«[1]

Du kannst aus deinem Leben das Kreuz
nicht streichen, ohne von ihm
erdrückt zu werden.
Lebensweisheit

* * *

Wenn einer sein Kreuz nicht tragen will,
muß er sich selber tragen. Und es ist die Frage,
was schwerer ist.
Emanuel von Bodmann

* * *

Man muß harte Entbehrungen und dunkle
Stunden kennen, um die klaren Sonnentage
recht zu schätzen.
Ruk Mika

* * *

Ohne Leiden
gleicht das menschliche Leben einem Brunnen,
dessen Quell für immer versiegt ist.
Ruk Mika

* * *

Das Leiden ist die Feuerprobe des Geistes.
Ferdinand Ebner

I. Wüste – Ort der Verlassenheit

Was ist mit dem Wort Wüste gemeint? Im Verständnis der Bibel bedeutet Wüste nicht die »Sandwüste«. Wüste ist vielmehr ein Bildwort und meint Einsamkeit, Verlassensein, Öde. Wüste heißt: niemanden haben, nicht sprechen können, eine Last tragen, an nichts mehr Freude haben, schwunglos sein, »innerlich gekrümmt« sein (Anselm von Canterbury). Wüste ist Hilflosigkeit und Preisgegebensein, Verzweiflung und Bodenlosigkeit, innere Leere und Trockenheit.

Wüste ist kein geographischer Begriff, sondern eine Aussage über die Existenz des Menschen, auch des heutigen. Thomas Sartory, der bekannte katholische Theologe, hat die »Wüstensituation« des modernen Menschen einmal wie folgt beschrieben:

Der moderne Mensch geht nicht mehr durch dürres, unbewohntes Land im buchstäblichen Sinn. Er wohnt in den Städten. Aber sind nicht gerade die dichtbesiedelten Städte die großen Orte der Einsamkeit und Verlassenheit geworden? Ist ein neuzeitliches Appartementhaus nicht gerade das Kennzeichen moderner Vereinsamung? In vielen Einzelzellen haben sich Menschen ihre Klause immer perfektionierter und luxuriöser ausstaffiert. Diese vier Wände, in denen sie zumeist einsam warten, warten auf einen Anruf, auf einen Besuch, auf etwas, was die Verzweiflung in der Vereinsamung unterbricht. Wer kann schon immer lesen, Platten hören, fernsehen oder auf dem Grill Lekkereien zubereiten? Hier haben wir ein Stück moderner Wüste, einen Ort der Verlassenheit und Einsamkeit.

Es stimmt: Die Einsamkeit hat heute ein erschreckendes Ausmaß angenommen. Räumlich rücken die Menschen immer mehr zusammen, mit dem Herzen aber ebenso weit auseinander. Das Netz der zwischenmenschlichen Beziehungen ist zerrissen. Wie viele haben das Gefühl der Bodenlosigkeit, des Verlassenseins! Wie viele können sich nirgends aussprechen, sind geknickt, mutlos, hilflos, trauen sich nichts mehr zu, möchten oft am liebsten »Schluß machen«.

In der Wüste ist jeder ganz allein. Das gilt für einfache Leute ebenso wie für reiche. Da ist niemand, den man rasch mal anrufen, fragen, um Rat und Auskunft bitten könnte. In der Wüste ist es langweilig und eintönig, immer dasselbe: Sonne, Wind und Sand. Man kann sich nicht ablenken. Man hat niemanden außer sich selbst.

An keinem geht die Wüste stillschweigend vorbei. Wüste – das ist die ganze Skala körperlicher und seelischer Leiden, das sind die psychischen Defekte, die Grenzen unseres Temperaments. Auch die Mißerfolge und Mißgeschicke, die Mißverständnisse und Unverständnisse, die Mißachtung und üble Nachrede gehören zu dem, was wir mit dem Wort Wüste bezeichnen.

Wüste ist alles, was unser Leben »durchkreuzt«, was uns »auf's Kreuz legt«, was uns in die Quere kommt; alles, was uns plagt, schindet und schändet, was unsere Planungen durchstreicht; alles, was uns quält, hemmt und hindert, was unsere Mühen zunichte machen kann; alles, was uns nicht mehr froh werden läßt, was uns wehtut, was uns das Leben verleidet, ja uns fast umbringt.

Berufliche Mißerfolge, ein unmöglicher Arbeitsplatz, Kreislaufstörungen, die ausgebliebene Beförderung, ein Mensch, der einem tagtäglich auf die Nerven geht oder umgekehrt zu sympathisch ist, ein anderer, den man aufgeben soll, aber nicht kann, Zwangsgedanken und Depressionen, die Tochter, die das Klassenziel nicht erreichte, der Sohn, dem es in Amerika gar nicht gut geht, »von niemandem mehr etwas wissen wollen vor lauter Enttäuschung«, Gott nicht mehr trauen können, weil alles danebenging – dieses bunte Allerlei kann gemeint sein mit der Wüste, durch die wir gehen müssen, tagtäglich und stündlich.

Wüste – das sind die Ängste mit und ohne Namen, Verlust- und Versagungserlebnisse, Fehlhaltungen und Fehlgriffe, Umwege und Irrwege, wirkliche oder vermeintliche Schuld; Enttäuschungen, die nicht immer von Täuschungen befreien; Leiden und Nöte, für die es noch gar keinen Namen gibt, die man aber auf einen gemeinsamen Nenner bringen kann: Nicht mehr können trotz Wollen!

Da gibt es zum Beispiel die Mutter, die an der Kälte des eigenen Kindes buchstäblich zerbricht;

das Mädchen, das betrogen worden ist; die Familie, in der einer nicht mehr mit dem anderen spricht; die Ehefrau, deren Mann sie betrügt, sie ganz einfach im Stich läßt und wegwirft wie ein »gebrauchtes Möbelstück« ...

So könnte man Beispiel an Beispiel reihen. Die Wüste ist eine Realität im Menschenleben. Sie gehört zum Menschen, zum Leben, zu *jedem* Leben wie das Gesicht zum Kopf. Niemand, der sein Leben überblickt, kann guten Gewissens sagen: »Ich bin wunschlos glücklich. Bei mir ging bis jetzt alles glatt!« Das wäre Selbsttäuschung, ja Selbstbetrug. Ein solcher Mensch hätte nie wirklich *gelebt.* »Restlos glücklich« ist eine schöne Lüge!

Die Wüste ist so alt wie die Menschheit selbst. Es gab sie schon im Leben der großen biblischen Gestalten. Abraham, Mose, Elija, David, Johannes der Täufer, Christus, Paulus – sie alle hatten ihre Wüste, mal so, mal so. Die einen erfuhren sie kürzer, die anderen länger, die einen heftiger, die anderen mäßiger.

Elija, der alttestamentliche Prophet, zum Beispiel hatte genug und wollte sterben, wie wir im ersten Buch der Könige (19,1ff) lesen. Jona ging nicht nach Ninive und floh nach Tarschisch (= Gibraltar), an das damals vermeintliche »Ende der Welt«. Paulus, der Völkerapostel, stöhnte über seinen »unglücklichen Leib« (Römer 8,23). Und Jesus seufzte über das »böse und ehebrecherische Geschlecht« (Markus 9,23; Matthäus 17,17 und 26,38; Lukas 12,50;). Was mußte David, der für seinen Ehebruch wahrlich genug gebüßt hatte, alles »durchmachen« oder Jeremia, dieser wunderbare und feinfühlende Mensch, der sein Letztes für Gott hergab! Wie stöhnten die Dichter der Psalmen vor rund 2700 Jahren: Jahwe, wie kannst du zulassen, daß die Frevler uns so verfolgen, daß wir im Schlamm ersticken, daß uns das Wasser bis an die Kehle geht, daß uns die Strömung fortreißt! »Wach doch auf, Herr, warum schläfst du denn ... ?«

Das Gesetz der Wüste läßt sich verfolgen durch die ganze Geschichte der Kirche, angefangen von den Wüstenvätern über Johannes vom Kreuz (1542–1591), die große Theresia von Avila (1515–1582) und Ignatius von Loyola (1491–1556) bis herauf zu Edith Stein (1891–1942). Offensichtlich ist die Wüste ein wichtiges Tor in die Zukunft des Menschen.

Dem Gesetz der Wüste begegnen auch wir Tag für Tag im eigenen Leben. In dieser Wüste gleichen wir oftmals einem ausgemergelten und aufgerissenen Boden, der nach Wasser schreit. Aber gilt nicht auch auf der anderen Seite: Wer Durst hat, hat auch Aussicht, daß er etwas zum Trinken bekommt?

Die Wüste kann, wenn man es in ihr aushält, zur großen Chance des Lebens werden. Im nachhinein enthüllt sie sich oft als einmalige Möglichkeit, um erwachsen zu werden, in die Tiefe zu wachsen, Erkenntnisse zu gewinnen, die einem sonst versagt bleiben. Wüste ist für die innere Reifung des Menschen von größter, man könnte fast sagen: von unverzichtbarer Wichtigkeit!

»Menschen, die mit Schrammen bedeckt sind, haben eine besondere Glut« (Gisbert Greshake), war einmal auf einem Kalenderblatt zu lesen. Das bedeutet: Diese Menschen haben gelernt, daß Wunden gleichsam Lebensexamen, Lebensprüfungen sind, um die Kraft, die innere Überzeugung, den Charakter des Menschen zu erproben. In diesem Sinne schreibt auch Georg Moser, 1988 verstorbener Bischof der Diözese Rottenburg-Stuttgart, in seinem Buch »Auf dem Weg zu mir selbst«:

Leid kann erstarren lassen und verbittern; es vermag aber auch die Augen zu öffnen und eine tiefere und klarere Sicht der Welt, der Dinge und der Menschen zu schenken. Indem es Fassaden einreißt und das dünne Eis an der Oberfläche unserer Existenz zerbricht, eröffnet es uns ganz neue Erfahrungen und weitere Horizonte.[2]

Die Erfahrung der Wüste ist letztlich durch nichts zu ersetzen. Jemand meinte einmal: »Wenn ich mein Leben überdenke, muß ich gestehen: Die kostbarsten Stunden meines Lebens waren diejenigen, in denen ich nicht mehr ein noch aus wußte.« Vieles, was nach Unglück aussieht, enthüllt sich später als Glück.

Adalbert Ludwig Balling, Mariannhiller Missionar, drückt diesen Gedanken so aus:

Erneuerung und Umkehr sind nur für den möglich, der ja sagt zum Kreuz. Ohne Kreuz – ohne Leid, ohne Mühe und Anstrengung gibt es keinen wirklichen Fortschritt, auch nicht im geistlichen Leben. Der Weg zur inneren Reform führt über Golgotha. Der Spruch im Schleswiger Dom be-

inhaltet eine uralte Erfahrung: ›Wir müssen täglich sterben, damit wir nicht sterben, wenn wir sterben!‹[3]

Für uns Heutige ist das schwer zu begreifen. Wir denken »perfektionistisch«. Alles muß perfekt sein und noch perfekter werden: die Wohnung und die Geräte, von der Küchenmaschine bis zum Fernseher. In diese Welt paßt kein Kreuz, kein Leid, kein Schmerz, keine Wüste. Sie sind wie ein dicker Strich durch unsere Rechnungen. Schon den Jüngeren ging es so: Das Wort vom Kreuz war ihnen dunkel, daß sie es nicht verstanden. (Vgl. Lukas 9,45)

Verstehen wird man das nie, man kann es nur glauben. Glaube ist jedoch mehr als Wissen. Glaube ist Gnade und will erbetet sein. Wer betet, kommt »über den Berg« oder ist vielleicht schon »über dem Berg«. Aber – nicht jeder Leidende findet zum befreienden Beten.

Sinn finden im Leid

Eines Tages wurde ich von einem alten praktischen Arzt aufgesucht, dessen Frau – nach ideal glücklicher Ehe – gestorben war; der Arzt hatte den Schmerz um den Verlust seiner Frau nicht verwinden können und kam wegen seiner schweren Depression zu mir. Ich fragte ihn nun, ob er sich überlegt hat, was geschehen wäre, wenn nicht seine Frau, sondern er selbst als erster gestorben wäre. »Nicht auszudenken«, versicherte der Kollege, »meine Frau wäre verzweifelt gewesen!« »Sehen

Sie«, erwiderte ich nun, »dies ist Ihrer Frau erspart geblieben, und Sie haben es ihr erspart um den Preis, daß Sie nunmehr ihr nachtrauern müssen.«

Im gleichen Augenblick hatte seine Trauer einen Sinn bekommen: den Sinn des Opfers.[4]

Was der Glaube vermag

Zur Zeit der spanischen Inquisition gelang es einem Juden, mit seiner Frau und seinen zwei Kindern vor seinen Verfolgern zu entfliehen. Er mußte Haus und Hof, Hab und Gut zurücklassen. Nur seine Familie und ein paar Habseligkeiten konnte er auf ein Boot retten. In großer Hast setzte er die Segel und fuhr davon, dankbar, daß er wenigstens seine Lieben und sich gerettet hatte.

Kaum aber hatte er die offene See erreicht, zog ein schweres Gewitter am Himmel auf. Das Meer wurde unruhig. Die Wogen wuchsen zu Bergen und zu Tälern an. Brecher schlugen gegen das Boot. Sie rissen seine beiden Kinder über Bord und verschlangen ihr junges Leben in der dunklen Tiefe. Blitze zuckten über den Himmel und erhellten grell die Finsternis. Mit furchtbarem Getöse schlug ein Blitz in das Boot und erschlug des Juden Frau.

Er war allein. Kein Mensch um ihn. Keine Hilfe in Aussicht. Selbst Gott schien ihn, den Geschlagenen, verlassen zu haben. Als nach Stunden der Todesnot sich das Gewitter verzogen und die Wellen sich wieder geglättet hatten, betete der Jude zu seinem Gott:

»Gott Israels – ich bin geflohen, um dir ungestört dienen zu können, um deine Gebote zu erfüllen und deinen Namen zu heiligen. Du aber hast alles getan, damit ich nicht an dich glaube. Willst du mich wirklich von meinem Weg abbringen? Ich sage dir, mein Gott und Gott meiner Väter: Es wird dir nicht gelingen! Du kannst mich schlagen, mir das Beste und Teuerste nehmen, das ich auf dieser Welt habe. Du kannst mich zu Tode peinigen. Ich werde dennoch an dich glauben. Ich werde dich immer lieben – dir selbst zum Trotz.«

Eine rabbinische Geschichte

In der Wüste bist du nicht verloren, wenn du glauben kannst an die Oase.

Phil Bosmans

* * *

Leiden ist nicht in sich gut.
Es ist keine Nahrung, sondern ein Gift,
das sich in Arznei verwandeln kann,
wenn wir wollen.

A. G. Sertillanges

* * *

Auch im finstern Tal ist ein Weg.

Jörg Zink

* * *

Wenn mich meine Wunde nicht schmerzte,
würde ich sie nicht heilen,
sondern daran sterben.

Ewald Christ v. Kleist

* * *

Ausweglosigkeit birgt in sich Neubeginn, Aufbruch, Auferstehung. Wenn wir glauben, am Ende zu sein, stehen wir erst am Anfang.

Margot Bickel

II. Die Wüste hat ihren Sinn

Ob ein Leben gelingt, entscheidet sich nicht in den lichtvollen, seligen Stunden des Lebens, sondern in den schweren, nicht an den Festtagen, sondern im konkreten Alltag mit seinem Einerlei und Vielerlei, nicht auf dem Berg Tabor, sondern unten in der Ebene, nicht auf der »Tribüne«, sondern in der »Arena« des Lebens.

Mit anderen Worten: Die wichtigsten Entdekkungen und Erfahrungen macht der Mensch nicht auf der Sonnenseite des Lebens, sondern in der Wüste, die man als den »Ernstfall des Lebens« bezeichnen kann. Ohne die Wüste kann man viel wissen, über alles mögliche »Bescheid wissen«; aber wer Bescheid weiß, ist damit noch längst nicht weise.

Wüste – also Einsamkeit, Verlassensein, Öde, Lasten und Belastungen – ist nicht nur eine Qual, sondern vielmehr eine unverzichtbare Möglichkeit, zu reifen und lebenserfahren zu werden. Spätestens im Herbst des Lebens kann man entdekken, daß man den Marktplatz des Lebens nur meistern kann, wenn man zuvor und gleichzeitig die Wüste besteht. Der Mensch muß oft umsteigen, um schließlich *den* Zug zu erreichen, der in die richtige Richtung führt.

Wer Wüstenerfahrung hat, bekommt Tiefgang. Ohne Wüstenerfahrung wären zum Beispiel Augustinus, Johannes vom Kreuz, Theresia von Avila, Heinrich Seuse, Papst Johannes XXIII. nicht geworden, was sie sind. Wer auf der anderen Seite die Wüste fürchtet und vor ihr flieht »wie der Teufel vor dem Kreuz«, kommt vom Regen in die Traufe.

Flucht ist zwar verständlich, aber zugleich sinnlos. Wer vor der Wüste flieht, gleicht einem Mann aus dem Fernen Osten, von dem eine Legende folgendes erzählt: Er wollte seinen Schatten loswerden, aber was er auch anstellte, es gelang ihm nicht. Er wälzte sich auf dem Boden, sprang ins Wasser, versuchte, über den Schatten wegzuspringen. Alles vergeblich! Der Schatten ging immer mit ihm, war genauso schnell wie er, bis der Mann schließlich tot zusammenbrach...

Jacques Loew, der bekannte französische Arbeiterpriester, hätte wahrscheinlich seine großartigen Exerzitien für Papst Paul VI. und seine nächsten Mitarbeiter im Vatikan nicht halten können, wenn er nicht zuvor die Wüste erlebt hätte, zuerst als Atheist, dann als Rechtsanwalt, später als Docker in Marseille (Dock = Anlage zum Ausbessern von Schiffen) und schließlich als Pfarrer in den Elendsvierteln brasilianischer Großstädte. Die Wüste ließ ihn in die Tiefe wachsen.

In der Wüste kann man erfahren: Das Wichtigste im Leben sagt man sich nicht selbst, es wird einem gesagt. Alles hat seine Stunde, nichts läßt sich erzwingen, alles Große fängt klein an. Jesus begann seine Karriere »in Windeln eingewickelt und in einer Krippe liegend«.

Jeder kann über Nacht, von einer Stunde auf die andere, in eine Wüste geraten: durch ein kleines Mißgeschick, das ihn fürs ganze Leben zum Krüppel macht – durch ein unüberlegtes Wort – durch eine Fahrlässigkeit – durch einen unmöglichen Nachbarn – durch eine unerträgliche Kollegin – durch ein Äderchen, das plötzlich platzt – durch einen gezielten Rufmord – durch eine zu spät erkannte Krankheit.

Wie schnell kann sich ein Herz- und Gehirninfarkt einstellen – auch beim robustesten Mann, bei der stärksten Frau! Und schon ist alles lahmgelegt! Ganz zu schweigen von dem Unglück, das über einen hereinbrechen kann, weil irgend etwas – eine Maschine oder ein Mensch – versagt hat!

Wir lesen, hören oder sehen es ja fast jeden Tag. Es kann nun einmal im Leben nicht alles glattgehen, weil niemand weiß, was alles in ihm drinnen steckt, und was alles auf ihn zukommen kann.

Was immer wir auch erfahren und erleiden müssen – alles kann zur großen Chance unseres Lebens werden! Die Wüste hat ihren großen Sinn. Nichts im Leben ist vergebens, umsonst, sinnlos. In Japan meint ein Sprichwort: »Die Kirschblüte wächst aus dem Tau der Tränen und der Kraft des Kummers.« Auch Wunden haben etwas Gutes!

Es lohnt sich zu leben und zu leiden! Leid ist Gnade, und wenn Gott einen Menschen ganz besonders in seine Nähe ziehen will, läßt er ihn vorher durch die Wüste gehen, schickt er ihm besonders viel Kreuz. Ja, der Gang durch die Wüste, die Stunden unter dem Kreuz sie sind Höhepunkte unseres Lebens.

Jeder Fortschritt muß mit Verlust bezahlt werden, alles Leben mit Tod. Clemens Brentano (1778–1842), der bedeutende romantische Dichter, sagt es mit seinen Worten:

In der Nächte Finsternissen
muß der junge Tag ertrinken,
Abend muß herniedersinken,
soll der Morgen dich begrüßen.[5]

Niemand braucht an seinen Scherben zu verzweifeln. »Es gibt gute und schlechte Tage«, schreibt Phil Bosmans, der flämische Ordenspriester und Lebensberater in Antwerpen. »Gute Tage gehen vorbei. Das weißt du, und das findest du schrecklich. Aber schlechte Tage gehen auch vorbei! Warum denkst du nicht daran und warum tröstet dich das nicht?«[6]

Es sei hier erinnert an das Wort eines alten, sehr erfahrenen Bischofs: »Nennen Sie niemals einen Weg in Ihrem Leben vergebens; nennen Sie vor allem nie vergebens die Umwege, die Sie in Ihrem Leben gehen!« Wenn er, der Bischof, auf sein Leben zurückblicke, so müsse er sagen, daß Gott ihn viele, äußerlich unfruchtbare Umwege habe gehen lassen, »aber auf diesen Wegen habe ich die Wirklichkeit Gottes erfahren. Ich habe Blumen gesehen, die ich auf der geraden Landstraße niemals zu Gesicht bekommen hätte«.

Die Dichterin Gertrud von Le Fort (1876–1971) drückt diesen Gedanken so aus:

Nicht nur der lichte Tag, auch die Nacht hat ihre Wunder. Es gibt Blumen, die nur in der Wildnis gedeihen, Sterne, die nur am Horizont der Wüste erscheinen. Es gibt Erfahrungen der göttlichen Liebe, die uns nur in der äußersten Verlassenheit, ja am Rande der Verzweiflung geschenkt werden.

Das soll besonders all denen gesagt sein, die meinen, ihr Leben bestehe überhaupt nur aus Nackenschlägen, aus sinnlosen und zeitraubenden Umwegen. Wie oft ist im Leben vieler Menschen die Wüstengeschichte zur Geschichte göttlicher Hilfe, großer und tiefer Erfahrungen, ja unerhörter Überraschungen geworden. Lasten können auch Gnade sein!

Die Legende von der kleinen Palme vermag dies deutlich zu zeigen:

Ein böser Mann konnte eine kleine Palme nicht »leiden«. Er legte einen schweren Stein in die Zweige, um die kleine Palme umzubringen. Die Palme wollte die Last abschütteln, aber es gelang ihr nicht. Nach ein paar Jahren kam der böse Mann wieder, um zu sehen, wie es um die kleine Palme stand. Sie war die größte von allen Palmen geworden. Die Last hatte die Palme gezwungen, sich tiefer im Boden zu verwurzeln. So gelangte sie an eine Wasserader und wuchs und wuchs. Sie sagte zum Bösewicht: »Ich danke dir, daß du mich so belastet hast. Dir habe ich es zu verdanken, daß ich so groß geworden bin!«

Es gibt Erfahrungen, die man nur in der Wüste gewinnt. Was weiß eigentlich ein Mensch, der nicht gelitten hat? So fragte schon der deutsche Wanderprediger und Mystiker Heinrich Suso Seuse (um 1295–1366), der viel im Leben erdulden mußte. Wie soll einer trösten, der niemals traurig war? Wie soll einer einen Schwermütigen verstehen, wenn er nie von Traurigkeit – bis hin zur seelischen Lähmung – überfallen wurde?

Vieles im Leben läßt sich nur sagen, wenn man es nicht aus gescheiten Büchern gelernt, sondern selbst erfahren hat. Gott allein weiß, was an Aufgaben auf einen Menschen wartet, und wen er wem zugedacht hat. Deswegen nimmt er manchen weitblickend in eine harte Schule, nicht um ihn zu quälen, sondern um durch ihn, der leidend »weise« und »weit« geworden ist, anderen zu helfen.

Gelobt sei die Wüste! So könnte man zusammenfassend sagen. Gelobt sei die Einsamkeit, die Erfahrung auswegloser Verlassenheit! Gott läßt sich am liebsten dort treffen, wo der Mensch »am Ende« ist. Im Erlebnis der eigenen Nichtigkeit erfährt er dann die wunderbare Hilfe Gottes. Denn das Heil kommt aus der Wüste. Oder anders gesagt: Der Weg zum Heil führt durch das Unheil.

Die meisten finden Gott erst nach einer langen Wüstenwanderung. Aurelius Augustinus (354–430), der große lateinische Kirchenlehrer, hat dies richtig erkannt, wenn er schreibt:

Gott, von dir sich abwenden, heißt fallen;
zu dir sich hinwenden, heißt aufstehen;

in dir bleiben, heißt sicheren Bestand haben!
Gott, dich verlassen, heißt sterben;
zu dir heimkehren, heißt neu zum Leben erwachen;
in dir weilen, heißt leben!

Mit Gottes Hilfe kann der Nullpunkt im menschlichen Leben zu einem Wendepunkt und der scheinbare Schlußpunkt zu einem Doppelpunkt werden. Wenn nach menschlichem Ermessen alles umsonst ist, fängt Gott erst richtig an. Für ihn gibt es keine hoffnungslosen Fälle! Martin Luther (1483–1546), der deutsche Reformator, sagt es treffend: »Gottes Natur ist, daß er aus nichts etwas macht.«

Die Mathematik Gottes ist anders als die unsrige. Was wir als Mißerfolg betrachten, kann sich später als Erfolg herausstellen. Seit der Passion Christi am Kreuz hat das Leben seinen Sinn auch bei Fehlleistungen. Wie oft wurde die Karriere nach unten zu einer Karriere nach oben!

Bischof Georg Moser antwortet dem, der sagt, alles sei ihm im Leben danebengegangen, er sei eine bloße Null, dieses: »Eine Null? Es mag stimmen, daß du wenig – oder noch nichts – hervorgebracht hast, was vor dir selber und deiner Mitwelt bestehen kann. Dennoch bist du keine Null, nicht irgendeiner, der sich für den ‚letzten Dreck' halten müßte. Du bist Gottes geliebtes Kind. Gott zeichnet eine Eins vor deine Null.«[7] Wer an den Vater glaubt, kann nie mehr ganz verzweifelt sein. Selbst dann – oder besser: besonders dann –, wenn die Gespenster der Verzweiflung, Schwermut und

Ausweglosigkeit ihn umlagern, darf der Mensch wissen, daß gerade die Tiefe, die Wüste, der Ort, wo ihn der Vater mit seiner Güte umfängt, ihn aufsucht – wie einst den Propheten Elija.

Vater ist einer, von dem man erwartet wird. Was für den menschlichen Vater gilt (oder wenigstens gelten sollte), trifft um so mehr auf den Vatergott zu. Der Vatergott hat sich vorgestellt als Jahwe (= Ich bin der ich bin da) und als Immanuel (= Gott mit uns). Dieser Vater ist nicht immer »lieb«, aber er liebt uns. Und das ist mehr!

Weil Gott unser Vater ist, gibt er uns das, was wir brauchen, nicht das, was wir uns wünschen. Papst Johannes XXIII. (1881–1963) hat das gut übersetzt. Im allabendlichen Rückblick auf seinen Tag schrieb er unter die täglichen Notizen seines berühmten Tagebuchs die beiden Worte: »Nun gut!« Das soll heißen: Der Herr macht alles gut. Von Gott gehalten, kann der Mensch das bekannte Gebet sprechen:

O Gott, gib mir die Kraft,
das zu ändern, was zu ändern ist!
Gib mir die Geduld,
das zu ertragen, was nicht zu ändern ist!
Gib mir die Weisheit,
beides voneinander zu unterscheiden!

Petrus Canisius, der erste deutsche Jesuit (1521–1597), schreibt:

Ich weiß oft nicht, was für ein Wind mich vorantreibt, wohin mein Schifflein segelt, wo ich festsitze und wie ich meinen Kurs richtig steuere. – Ich vertraue auf Gott, meinen Herrn, der mir alles zum Besten schickt. Des Ewigen, nicht des Zeitlichen wegen bin ich erschaffen und erlöst worden.

Der Sinn des Kreuzes

Früher oder später stößt du mit deinem Kopf gegen den häßlichen Querbalken, der dein Leben zu einem Kreuz macht. Du wirst krank. Du verunglückst. Ein geliebter Mensch stirbt. Dein Berufsweg wird durchkreuzt. Du wirst betrogen, im Stich gelassen durch den eigenen Mann, durch die eigene Frau. Man belauert dich. Man arbeitet gegen dich. Man macht dich fertig. Du kannst nicht mehr.

Das Kreuz ist eine Realität in jedem Menschenleben. Aber immer weniger Menschen sind ihm gewachsen. Sie nehmen es nicht mehr hin und ertragen nicht seine Last.

Du hast keine Wahl. Du trägst dein Kreuz, oder es wird dich erdrücken. Aber du kannst es nur tragen, wenn du den Sinn des Kreuzes begreifen lernst.

Das Kreuz bringt dich zur Wahrheit zurück. Zu der Wahrheit, daß du ein armer, schwacher, verwundbarer Mensch bist. Es befreit dich von den Dingen, die dich zu ersticken drohen. Es ist wie eine Antenne, mit der du eine Nachricht von Gott empfangen kannst. Es wird dich nicht von deinem Leiden erlösen, aber von der Sinnlosigkeit des Leidens. Du kannst wieder Mensch werden.[8]

Humor und Geduld sind die Kamele,
mit denen ich durch jede Wüste komme.
Phil Bosmans

* * *

Es ist besser, sein Kreuz zu tragen,
als zu schleppen.
Bretonisch

* * *

Du weißt nicht, wie schwer die Last ist,
die du nicht trägst.
Afrikanisches Sprichwort

* * *

Gott nimmt uns die Last des Lebens nicht ab,
aber er gibt die Kraft zum Tragen.
John Henry Newman

* * *

Erst im Leiden weiß man es zu schätzen und
fühlt die Größe des Trostes, einen guten Freund
gefunden zu haben.
Maria Th. Gerhardinger

III. Wie ist Hilfe möglich?

In der Wüste angekommen, hat kein Mensch das Recht, sich gehenzulassen. Das Leben ist wie ein Fahrrad: Entweder man fährt weiter, oder man fällt herunter. Wer sich für das erstere entscheidet, wird fragen: Aber wie weiterfahren? Was hilft, um in der Wüste nicht zu verzweifeln? Was braucht der Mensch, wenn er nicht mehr weiter weiß, wenn seine Enttäuschungen so groß sind, daß er sich dem Alltag nicht mehr gewachsen fühlt, kurz: wenn er mit seinen Kräften »am Ende« ist?

Es hilft nicht, mit dem Propheten Elija unter dem Ginsterstrauch zu sagen: »Mir reicht's!« (Vgl. 3 Könige 19,4) Auch hat es keinen Sinn, sich bitter und verbittert zurückzuziehen, sich abzukapseln, in seinem »Schneckenhaus« zu bleiben, um sich schließlich selbst zu bemitleiden.

Was weiterhilft, ist das Vertrauen, das einem ein anderer Mensch, ein »rettender Engel«, schenkt. Der Mensch ist »du-haft« gebaut, auf Kommunikation hin geschaffen. Er lebt vom Vertrauen, das ihm seine Umwelt entgegenbringt. Er braucht jemanden, der mit-fühlt und mit-trägt, der im Leid mit ihm geht, der ihm im richtigen Augenblick das richtige Wort zuspricht.

Der Mensch ist auf Mit-teilung angelegt. Er ist so entworfen, daß er ohne die Kommunikation innerlich zugrunde geht. Es gehört zum Höhepunkt menschlichen Daseins, wenn ein Mensch sich dem anderen eröffnet, sich ihm offenbart, ihm etwa sagt: »Ich liebe dich, ich mag dich, ich habe dich gern. Womit kann ich dir eine Freude machen?«

Besonders der, der verzweifelt ist, braucht einen Menschen, der ihn mag, der auf ihn eingeht. Er braucht jemanden, der sich ihm zuneigt, der an ihn glaubt, ihm traut und vertraut. Mit anderen Worten: Was not tut, ist eine vollmenschliche Begegnung. Diese Wahrheit ist uralt. Im Trott des Alltags gerät sie leicht in Vergessenheit.

Alles wirkliche Leben ist Begegnung! Ohne Begegnung gibt es keine Menschwerdung. Gegen Einsamkeit und Verzagtheit, Traurigkeit und Angst gibt es im Grunde nur ein Rezept: das richtige menschliche Klima mit der richtigen (bekömmlichen) Temperatur. Eine Palme kann nicht in Grönland gedeihen, und am Äquator wächst kein isländisches Moos.

Der Mensch ist darauf angewiesen, daß er hin und wieder seine Gefühle zum Ausdruck bringen darf. Er kann das, was ihn bewegt, was ihn »umtreibt«, nicht in sich einsperren. Er kann seelisch verbluten, wenn er mit niemandem sprechen kann.

Der zum Tod verurteilte ehemalige türkische Ministerpräsident Adnan Menderes (1899–1961) hat kurz vor seiner Hinrichtung in seiner Zelle wie ein Wilder geschrien. Auf die Frage, was er denn wolle, erklärte er: »Ich möchte nur, daß ich eine halbe Stunde laut sprechen kann und irgend jemand mir zuhört.«

Ein afrikanisches Sprichwort enthält eine tiefe Lebensweisheit: »Die beste Medizin für den Menschen ist der Mensch.« Nicht Sachen, Erfolge, Ansehen, Prestige oder Geld helfen dem, der Kummer hat oder enttäuscht ist. Helfen kann nur ein Du – in Ansprache und Aussprache, durch Mitfreuen und Mitleiden –, kurz: ein »Mensch mit Herz«.

Auf einer Spruchkarte war einmal zu lesen:
Ein bißchen mehr Lieben – und weniger Streit,
ein bißchen mehr Güte – und weniger Neid,
ein bißchen mehr wir – und weniger ich,
ein bißchen mehr Kraft – nicht so zimperlich,
und viel mehr Blumen während des Lebens,
denn auf den Gräbern, da sind sie vergebens!

Eine alte Tierfabel schildert, wie Ameisen einer kleinen Blume in der Wüste helfen, damit sie nicht vertrocknen muß. Ob wir Menschen von ihnen vielleicht lernen können? Die Geschichte zeigt sehr schön: Wer weiterleben will, braucht andere, die auf ihn zugehen und ihm helfen.

Es war einmal eine kleine Blume, die stand mitten in der Wüste. Täglich wartete die kleine Blume auf einen Regentropfen. Immer hatte man ihr erzählt, wie wichtig und schön der Regen sei. Doch wenn es wirklich nach Regen roch, kamen die Geier und fingen alle Hoffnung ab. Mit Mühe hielt sich die kleine Blume im lockeren Boden und hatte einfach Angst. Angst vor der sengenden Hitze, Angst vor der Einsamkeit, Angst vor dem nächsten Sturm.

Ein Kolibri sah ihre Traurigkeit und sagte dies den anderen Tieren weiter. Der Stier hatte kein Interesse. Für ihn galt nur, was stark ist. Auch der Bernhardiner blieb kalt, ihn rührte nichts. Sein Hobby war die Langeweile. Und die Elster, die immer so große Töne schwang, sagte, sie habe zu viele Termine und wirklich keine Zeit. Da war der Kolibri verzweifelt; denn was sollte er, ausgerechnet der kleinste unter den Vögeln, tun?

Da schwirrte er kurzentschlossen zu den Ameisen und berichtete ihnen von den großen Traurigkeiten der Blume. Ohne zu zögern, bildeten die kleinen Tiere eine lange Kette, schleppten Grassamen und Früchte bis an die Wurzel des Kummers, benetzten alles ein wenig mit Tau, und es dauerte nicht lange: da wuchs Leben mitten in der Wüste, und die kleine Blume entwikkelte sich zu einem strahlenden Glanz, den ihr niemand zugetraut hatte. Und alles war nur möglich, weil der Kolibri die Ameisen benachrichtigt hatte.[9]

»Die Welt lebt vom Vertrauen«

Auf einem alten Kalenderblatt stand geschrieben: »Eine Blume braucht Sonne, um Blume zu werden. Ein Mensch braucht Vertrauen, um Mensch zu werden.« Es lohnt sich, über diese Lebensweisheit in aller Stille nachzudenken. Vertrauen ist lebenswichtig! Eine verzweifelte Frau meinte einmal: »Ich möchte nicht verstanden werden, ich möchte angenommen werden.«

»Die Welt lebt vom Vertrauen, sie stirbt am Mißtrauen«, sagt Gertrud von Le Fort. Man kann dieses Vertrauen, das der eine dem anderen entgegenbringt, gar nicht hoch genug einschätzen. Manch einer ist in seiner Wüste allein deswegen nicht ums Leben gekommen, weil ihn jemand durch sein Vertrauen gestärkt hat.

»Schade, daß Du nicht meine Mutter bist«, schrieb ein jugendlicher Strafgefangener einer Ordensschwester, die jahrelang mit ihm korrespondierte. »Du bist der erste ›Mensch‹, dem ich begegnet bin.« Die beiden haben sich nie gesehen. Aber sie bauten Brücken des Vertrauens, der Güte, des Verstehens zueinander! Der Jugendliche war, wurde wieder »jemand«!

Offenbar waren »Menschen« schon immer eine Rarität – heute wie früher. Im alten Griechenland ging einst ein weiser Mann am hellichten Tag mit einer Laterne auf den Markt. Auf die Frage, was er bei strahlender Sonne mit seiner Laterne suche, meinte er: »Ich suche einen Menschen.«

Was den Menschen zum »Menschen« macht, ist sein Herz, das heißt seine Liebe und Güte, seine Treue und Verläßlichkeit, seine Glaubwürdigkeit und Aufrichtigkeit. Ein solcher »Mensch« kann schweigen, ist wie ein Brunnen, in den man alles hineinwerfen kann. Oft ist er auch nur ein Packesel, dem man alles aufbürden kann.

Wilhelm Willms fragt mit Recht:

Wußten Sie schon, daß die Nähe eines Menschen gesund machen, krank machen, tot und lebendig machen kann, daß die Nähe eines Menschen gut machen, böse machen, traurig und froh machen kann? Wußten Sie schon, daß das Wegbleiben eines Menschen sterben lassen kann, daß das Kommen eines Menschen wieder leben läßt ...?

Jeder Mensch braucht eine Bezugsperson, mit der er – besonders wenn es sehr finster im Leben wird – alles besprechen kann. Jeder braucht eine Klagemauer – bisweilen wenigstens. Wer fragt nie in seinem Leben: Wohin mit meinen Sorgen? In wessen Armen darf ich mich ausweinen? Wohin darf ich mich mit meinem ganzen Jammer schleppen, ohne gleich verraten oder gedemütigt zu werden? In wessen Verständnis darf mein unruhiges Herz stürmen, um alle Gefühle und Empfindungen, alle Enttäuschungen und Lebensrätsel offen und ohne Scheu auszubreiten, um einen Weg der Ermunterung und der hoffenden Zuversicht zu finden? Ohne eine solche Klagemauer kommt der Mensch im Ernstfall des Lebens nicht aus.

Ob, wann, wie und wo einem ein »Mensch« geschenkt wird, liegt allein bei Gott. Er hat nicht nur den Ein-blick ins menschliche Leben, sondern auch den Über-blick. Er allein blickt durch, hat immer etwas »im Auge« (Genesis 22,14) – eine Wahrheit, die dem Menschen vielfach erst im Lebensherbst geschenkt wird.

Die Worte, die der französische Schriftsteller und Philosoph Jean-Paul Sartre (1905–1980) einen Fahnenflüchtigen zu seiner Geliebten sprechen läßt, haben gerade in der Wüste ihre Gültigkeit:

Wenn du wolltest, wenn du dir Mühe gäbest, so könnten wir uns vielleicht wirklich und für immer lieben. Sieh, es sind ihrer tausend, die sagen und wieder sagen, ich sei ein Feigling. Aber was sind tausend? Wenn es eine Seele gäbe, eine einzige, die mich mit allen Kräften aufrecht hielte ..., ich glaube sicher, dann wäre ich gerettet. Willst du an mich glauben? Du wärst mir teurer als ich selbst!

Vertrauen ist so etwas wie ein Geländer, ein Hafen, ein Leuchtturm, eine Leuchtboje, ein rettender Steg, eine tragende Brücke ... Vertrauen ist wie eine Oase, ein Brunnen in der Wüste, ein Stern in dunkler Nacht. Freilich – dieses Vertrauen läßt sich nicht erzwingen. Es wird einem geschenkt! Und für Geschenke sollte man offen sein!

Grenzenloses Vertrauen

Lächelnd hielt sich die junge Inderin im Hallenbad am Beckenrand fest und wartete. Dann kam ein älterer Mann, erklärte ihr mit ein paar Worten und Zeichen etwas, sie legte ihre beiden braunen Hände auf seinen weißen Arm und ließ sich von ihm übers Wasser ziehen.

Schwimmen konnte sie ganz offensichtlich nicht. Ich war betroffen. Und ich habe mir ein wenig von diesem riesigen Vertrauen gewünscht. Lächelnd warten zu können, wenn einem das Wasser bis zum Halse steht, und sich dann mitnehmen zu lassen, obwohl man dem, was vor einem liegt, alleine nicht gewachsen ist.

Und ich habe mir gedacht, es müßte schön sein, so einen Glauben zu haben.

Aus einer kirchlichen Zeitschrift (1982)

Wer glaubt, keinen Menschen zu haben, der ihm noch etwas zutraut, braucht nicht zu verzweifeln.

Wer »keinen Menschen« hat, wie der Kranke am Teich Betesda (Johannes 5,7), hat immer noch Gott. Er will das Heil eines jeden Menschen, auch in unserem Jahrhundert. Er läßt keinen fallen, auch wenn es rein äußerlich manchmal danach aussieht. Er ist der »Kapitän, das Boot und das Wasser, in das wir fallen«, jenes Wasser, aus dem der Herr den Simon Petrus herausgezogen hat (Matthäus 14,22ff).

Es geht immer noch eine Tür auf, wenn alle anderen Türen verschlossen sind: die Tür zu Gott! Bei Gott ist der Mensch geborgen wie ein Vogel im Nest. Niemand ist einem blinden Schicksal ausgeliefert. Es gibt eine Hand, die uns führt, die uns Halt und Geborgenheit schenkt, die uns das Maß an Vertrauen gibt, ohne das wir nicht menschenwürdig leben können. Man kann es tagtäglich erleben.

Da gibt es zum Beispiel eine Frau, die 43 Jahre lang an der Seite ihres Gatten – eines notorischen Trinkers – ausgehalten hat. Die Frau litt Namenloses. Sie wollte schon oft davonlaufen, aber sie blieb. Warum? Nicht aus Anständigkeit, auch nicht nur aus Respekt vor dem seinerzeit gegebenen Ja-Wort am Traualtar. Nein, die Frau glaubte an Gott. Das war ihr Geheimnis: Sie war fest davon überzeugt, daß der Herr ihr nahe war.

Gott kann sein »Gesicht« nicht verlieren. Er ist und bleibt ein Gott des Trostes und Vertrauens, der »Vater des Erbarmens«. »Gott ist einer, der führt«, schreibt der jüdische Religionsphilosoph und Schriftsteller Martin Buber (1878–1965). Er läßt den Menschen oft lange »hängen«, aber niemals »fallen«.

Eine kleine Geschichte mag das Gesagte verdeutlichen:

Irgendwo brennt in der Nacht ein Haus. Die fünfköpfige Familie kann sich retten bis auf den sechsjährigen Sohn. Dieser will heraus aus dem brennenden Haus, aber die Flammen verwehren ihm den Ausweg. So stürmt er das Treppenhaus empor, geht ans Fenster und ruft zum Vater, der im Hof vor dem brennenden Haus steht: »Papa, hol mich!«

Der Vater ruft seinem Sohn zurück: »Komm und spring!« Der Junge antwortet: »Papa, ich sehe dich nicht.« Darauf der Vater: »Komm nur und spring! Ich sehe dich, und das genügt.« Der Junge überlegt nicht länger und springt. Und er fällt in die Arme seines Vaters.

Der Sprung hat dem Kind das Leben gerettet. So rettet auch Gott den Menschen, wenn er sich in seine Arme wirft. Auch wenn ich Gott nicht mehr zu sehen glaube, so darf ich doch wissen: Gott sieht mich. Er hilft mir, wenn ich falle. Er ist für mich da, wenn ich ihn darum bitte. Er ist die Verläßlichkeit in Person.

Gott trägt uns, versteht uns bis ins Innerste hinein, selbst dort noch, wo uns kein Mensch versteht. Wenn Einsamkeit und Verzagtheit, Angst und Unsicherheit uns überfallen, ist Gott immer noch da. Er ist über uns, unter uns, um uns herum, neben uns und tief in uns drinnen. Er gibt uns festen Boden unter die Füße. Er hört nie auf, uns zu lieben. »Mit ewiger Liebe habe ich dich geliebt.«

Wir leiden unter dem Allerlei und Vielerlei des Alltags, unter den Enttäuschungen, die uns täglich befallen, unter den langen und bitteren Mühen, die mit unserer täglichen Arbeit verbunden sind, unter den Gebrechen unseres Alters oder den Schmerzen unserer Krankheit... Dennoch gilt: Hinter all dem steht, wie der Theologe Karl Rahner (1904–1984) einmal schrieb, letzten Endes die Liebe Gottes. Eine Legende erzählt:

Eines Nachts hatte ein Mann einen Traum. Er träumte, er würde mit Christus am Strand entlangspazieren. Am Himmel über ihnen erschienen Szenen aus seinem Leben. In jeder Szene bemerkte er zwei Paar Fußabdrücke im Sand, eines gehörte ihm, das andere dem Herrn.

Als die letzte Szene vor ihm erschien, schaute er zurück zu den Fußabdrücken und bemerkte, daß sehr oft auf dem Weg nur ein Paar Fußabdrücke im Sand zu sehen war. Er stellte ebenfalls fest, daß dies gerade während der Zeiten war, in denen es ihm am schlechtesten ging.

Dies wunderte ihn natürlich, und er fragte den Herrn: »Herr, du sagtest mir einst, daß ich mich entscheiden sollte, dir nachzufolgen; du würdest jeden Weg mit mir gehen. Aber ich stelle fest, daß während der beschwerlichsten Zeiten meines Lebens nur ein Paar Fußabdrücke zu sehen sind. Ich verstehe nicht, warum! Wenn ich dich am meisten brauchte, hast du mich allein gelassen.«

Der Herr antwortete: »Mein lieber, lieber Freund, ich mag dich so sehr, daß ich dich niemals verlassen würde. Während der Zeiten, wo es dir am schlechtesten ging, wo du nur ein Paar Fußabdrücke siehst –, es waren die Zeiten, wo ich dich getragen habe.«[10]

Gott bringt es nicht übers Herz, uns in der Wüste allein zu lassen. Er hat ein Herz. Es ist eine uralte Erfahrung: Gott teilt sich dem Menschen dort mit, wo er verzweifelt ist, Angst hat, nicht mehr ein noch aus weiß – und nicht dort, wo er voller Hoffnung ist. Da »schafft« es der Mensch allein. Gott begegnet uns auf dem Umweg über unsere eigene Not.

»Triffst du jemanden«, schreibt Adalbert Ludwig Balling, »der behauptet, er sei zutiefst glücklich, er habe den inneren Frieden gefunden – auch ohne Gott, dann glaube ihm nicht! Wahres Glück und echter Frieden ist nur bei denen beheimatet, die in Gott Freude gefunden haben und Frieden in seiner Nähe.«[11]

Am Kreuz wird es hell

Es war im Herbst in den bayerischen Bergen. Im Tal lag eine dichte Nebeldecke. Eine Gruppe von Urlaubern aber wollte sich mit diesem Grau in Grau nicht zufriedengeben, sie wollte doch etwas erleben von der Schönheit der Alpenwelt. So stiegen sie den Berg hinan in der Hoffnung, daß doch bald die Sonne kommen und alles in ihrem goldenen Licht erstrahlen müßte. Doch eine Viertel-

stunde, eine halbe Stunde, mehr als eine Stunde verging: Im dunklen Bergwald und um die grauen Felswände herum erschienen die Wolkennebel nur noch dichter.

Schließlich kam ihnen ein Einheimischer von oben her entgegen. Sie fragten ihn: »Sagen Sie, nimmt denn der Nebel gar kein Ende? Sollen wir weitersteigen, oder sollen wir umkehren?« Der Einheimische antwortete: »Ihr müßt bis zum Kreuz hinauf, dort ist es hell.«

Und so war es wirklich: Am Gipfelkreuz war der Nebel zu Ende, fast wie abgeschnitten. Eine strahlende Sonne leuchtete von einem herrlich blauen Himmel, und rings im Kreis grüßten Berggipfel, wie zum Greifen nah.[12]

Das Gebet – der »Atem der Seele«

Unser letzter Halt ist nicht unser Konto oder unser mühsam erbautes Haus, sondern der Vater, der uns niemals allein läßt. (Vgl. Johannes 10,38) Voraussetzung allerdings ist, daß der Mensch die Hand, die Gott ihm entgegenstreckt, im Gebet ergreift. Vielen Menschen könnte geholfen werden, wenn sie (wieder) beten würden. Wo sonst finden wir Licht und Trost, Orientierung für unser Handeln und Tragkraft im Leiden als im Gebet?

Das Gebet ist eine in Jahrtausenden bewährte Hilfe, um mit der Wüste im Leben fertigzuwerden. Wer betet, kann nicht mehr sagen: »Ich habe keinen Menschen.« Da ist Gott der Partner für den Menschen, für jeden Menschen. Vielleicht muß ein Mensch zuallererst schmerzhaft innewerden, daß er »am Rande« ist, um den hohen Wert des Betens zu erkennen.

Die Sprachforschung hat nachgewiesen, daß das Wort »Gott« das »angerufene Wesen« bedeutet. Ein Gebet, ein »Anruf« bei ihm genügt, wenn man nicht mehr weiß, wie es weitergehen soll. »Klopfet an, und es wird euch aufgetan werden!« sagt Jesus. (Lukas 11,5ff)

Beten macht nach einem Wort des großen katholischen Philosophen Peter Wust (1884–1940) »ruhig, sachlich, kindlich und objektiv«. Es gibt Zeiten, wo man körperlich »erledigt« ist, von der kleinen Wohnung erdrückt wird, von Indiskretionen verletzt ist, sich innerlich wie ausgepumpt fühlt, sich nichts mehr zutraut und in die eigene Geringschätzung flieht – was kann in dieser »Wüste« mehr helfen als das Gebet, der »Atem der Seele«, wie die Weisen aller Jahrhunderte sagen? Hören wir noch einmal Adalbert Ludwig Balling:

Kein Mensch wird lebenslang immer nur Glück, Zufriedenheit, Freude, Jubel, Heiterkeit erfahren. Jeder wird irgendwann einmal im Leben in Situationen geraten, die es ihm schwermachen, weiterzuleben, an die Zukunft zu glauben, anderen Menschen zu vertrauen. Auch im »Umgang« mit Gott wird es dunkle Stunden geben; Stunden, in denen er schweigt, lange und anhaltend. So daß es Tage, Wochen oder Monate werden. Und immer noch schweigt er. Und dann beginnen wir zu zweifeln, zu zweifeln auch an seiner Liebe und Güte. Und doch – Gott ist da. Er liebt uns. Er will, daß wir auch in Stunden der Einsamkeit durchhalten. Er gibt uns seine Gnade dazu, wenn wir ihn darum bitten …[13] Beim Beten geht es primär nicht darum, daß Gott »an den Wagen meiner Wünsche« gespannt wird, daß ich ihn zu meinem Knecht mache; nicht darum, daß die Situationen sich ändern, sondern daß ich mich ändere. Daß ich stärker werde und die oft ausweglosen Situationen meistere.

Ein deutscher Sanitäter fand in der Tasche eines gefallenen russischen Soldaten folgendes Gebet:

Hörst du mich, Gott?
Noch nie im Leben sprach ich mit dir.
Doch heute will ich dich begrüßen.
Ich weiß nicht,
ob du mir die Hand reichst.
Doch will ich dir sagen:
Dies Wunder,
daß mir heute nacht
das Herz leichter wurde –
mitten in dieser schauerlichen Hölle,
weil ich dich erkannte …
Mir war so wohl bei dir …

Im Gebet ergibt sich der Mensch nicht Gott, sondern er übergibt sich Gott, liefert sich ihm aus. Das macht ihn frei für die Tat, gelassen.

»O Tiefe … der Weisheit Gottes!« (Römer 11,33)

Unerforschlich sind deine Wege, Herr.
Laß mich darum erkennen:

Wen Gott heilt,
den verletzt er zuvor.
Wen Gott aufrichtet,
den stürzt er zu Boden.
Wen Gott erweckt,
den läßt er vorher sterben.
Tief reißt er den Boden auf,
wenn er seine Saat
in unser Leben wirft.
Er zersprengt die Fundamente,
auf die wir unser Haus bauten,
wenn er uns
zu seinem Tempel macht.
Ehe wir lachen können,
läßt er uns bitter weinen.
Männer verlieren ihre Kraft,
damit er sie gebrauchen kann.
Wenn es Morgen werden soll,
müssen wir vorher
durch die Nacht.
In unserem Dunkel
läßt er sein Licht aufleuchten.
Gott arbeitet gründlich,
fängt tief unten in uns an,
wenn er uns verwandelt.
Ach Herr,
du gehst hart mit mir um,
du tust mir weh,
doch ich danke dir.
»Es macht die Wüste so schön,
daß sie einen Brunnen hat.« (Exupéry)

Auch Jesus hat immer wieder gebetet: vor der Wahl der Apostel, nach der wunderbaren Brotvermehrung, bevor der den Jüngern um die vierte Nachtwache auf dem See begegnete, im Garten Getsemani, am Kreuz... Jesus breitete alles, was ihm auf dem Herzen lag, vor dem Vater aus. Auch seine Traurigkeit und Verzweiflung in der Stunde seines Leidens. So bekam alles den richtigen Stellenwert und sein wahres Gesicht.

Könnte das Verhalten Jesu nicht auch ein Modell für unser Leben sein? Beten lernt man nur durch Beten. Auch wir sollten immer wieder, vor allem dann, wenn wir glauben, vor einem Scherbenhaufen zu stehen, innehalten und beten. Wir sollten dasselbe tun, was Jesus getan hat: die Wunden freilegen, unsere verwüstete seelische Landschaft, unser scheinbar mißlungenes Leben vor dem Auge des Vaters ausbreiten – im Bewußtsein: Wunden kann man nur heilen, wenn man sie bloßlegt. Trauer muß man austragen, sonst wird man von der Traurigkeit überschwemmt.

Dietrich Bonhoeffer (1906–1945), der von der SS erschossene evangelische Theologe, schreibt in einem seiner Briefe:

Ich glaube, daß Gott aus allem, auch aus dem Bösesten, Gutes entstehen lassen kann und will. Dafür braucht er Menschen, die sich alle Dinge zum Besten dienen lassen. Ich glaube, daß Gott uns in jeder Notlage soviel Widerstandskraft geben will, wie wir brauchen. Aber Er gibt sie nicht im voraus, damit wir uns nicht auf uns selbst, sondern allein auf Ihn verlassen. In solchem Glau-

ben müßte alle Angst vor der Zukunft überwunden sein. Ich glaube, daß auch unsere Fehler und Irrtümer nicht vergeblich sind und daß es Gott nicht schwerer ist, mit ihnen fertig zu werden als mit unseren vermeintlichen Guttaten. Ich glaube, daß Gott kein zeitloses Faktum ist, sondern, daß er auf richtige Gebete und verantwortliche Taten wartet und antwortet.[14]

Vielleicht könnte dieses Gebet eine kleine Anregung sein:

Herr, hörst du mich?
Ich leide entsetzlich!
Ich bin in mir wie in einem Gefängnis,
ich stoße mich an meinen eigenen Wänden,
an meinen eigenen Grenzen.
Ich verwunde mich,
und niemand weiß davon.
Denn niemand kehrt bei mir ein.
Herr, nimm meine Hand,
tu auf, zeige mir den Weg,
den Weg der Freude und des Lichts!

(Michael Quoist)

Wer in seiner inneren Not nicht »aus dem Herzen beten« kann, dem können Kerngebete, wie zum Beispiel das Magnificat, das Salve Regina, die Pfingstsequenz oder das geliebte »Seele Christi, heilige mich« eine große Hilfe sein. Wieviel Kraft und Gebetsfreude geht auch von den Psalmen aus! Wir müssen nur anfangen. Das Weitere tut Gott, der seine Freude am Voll-enden hat.

Psalm 27 zum Beispiel ist eines der Gebete, das dem Menschen aus der Seele gesprochen ist, wenn er in der Wüste ist und nicht mehr weiter weiß. David, der König über Israel und Juda im 10. Jahrhundert vor Christus, ist nach den Schrifterklärern der Verfasser dieses Gebetes. Er zeigt dem Herrn sein mit Furcht und Zittern erfülltes Herz und bittet um seine Hilfe:

Der Herr ist mein Licht und mein Heil:
Von wem sollte ich mich fürchten?
Der Herr ist die Kraft meines Lebens:
Vor wem sollte mir bangen?
Dringen Frevler auf mich ein,
um mich zu verschlingen,
meine Bedränger und Feinde,
sie müssen straucheln und fallen.
Mag ein Heer mich belagern:
Mein Herz wird nicht verzagen.
Mag Krieg gegen mich toben:
Ich bleibe dennoch voll Zuversicht.
Nur eines erbitte ich vom Herrn,
danach verlangt mich:
Im Haus des Herrn zu wohnen
alle Tage meines Lebens,
die Freundlichkeit des Herrn zu schauen
und nachzusinnen in seinem Tempel.
Denn er birgt mich in seinem Haus
am Tage des Unheils;
er beschirmt mich im Schutz seines Zeltes,
er hebt mich auf einen Felsen empor.
Nun kann ich mein Haupt erheben

über die Feinde, die mich umringen.
Ich will Opfer darbringen in seinem Zelt,
Opfer mit Jubel;
dem Herrn will ich singen und spielen.
Vernimm, o Herr, mein lautes Rufen;
sei mir gnädig und erhöre mich!
Mein Herz denkt an dein Wort: ›Sucht mein Angesicht!‹
Dein Angesicht, Herr, will ich suchen.
Verbirg nicht dein Gesicht vor mir;
weise deinen Knecht im Zorn nicht ab!
Du wurdest meine Hilfe.
Verstoß mich nicht, verlaß mich nicht,
du Gott meines Heiles!
Wenn mich auch Vater und Mutter verlassen,
der Herr nimmt mich auf.
Zeige mir, Herr, deinen Weg,
leite mich auf ebener Bahn trotz meiner Feinde!
Gib mich nicht meinen gierigen Gegnern preis;
denn falsche Zeugen stehen gegen mich auf und wüten.
Ich aber bin gewiß, zu schauen
die Güte des Herrn im Land der Lebenden.
Hoffe auf den Herrn und sei stark!
Hab festen Mut und hoffe auf den Herrn!

Auch bei anderen erfahrenen Betern können wir anfragen, wenn uns die eigenen Worte fehlen. Bekannt ist das Gebet von Kardinal John Henry Newman (1801–1890): »O Herr, in deinen Armen bin ich sicher; wenn du mich hältst, habe ich nichts zu fürchten.« Schön ist auch das kurze Gebet, das wir als Kinder lernten: »O Gott, schließ mir dein Herz nicht zu, bei dir allein ist wahre Ruh'. Laß nie mich von der Gnade dein, von deiner Lieb' geschieden sein.«

Ein anderes empfehlenswertes Gebet lautet:

Wenn es noch so bitter käm'
und mir die Welt das Letzte nähm' –
ich glaub' an dich!
Und wenn es noch einmal so schwer,
noch härter und noch banger wär' –
du trägst auch mich!
Drum bitt' ich dich:
Nimm nicht den Schmerz,
nimm nicht das Leid,
nimm nur die Angst, das heiße Kleid,
und halte mich! Amen.

(M. Seemann)

Oder wie wäre es, wenn uns ein herrliches Gebet von Jörg Zink zur zweiten Natur würde?

Bleibe bei uns, Herr,
denn es will Abend werden,
und der Tag hat sich geneigt!
Bleibe bei uns und bei allen Menschen!
Bleibe bei uns am Abend des Tages,
am Abend des Lebens,
am Abend der Welt!
Bleibe bei uns mit deiner Gnade und Güte,
mit deinem Wort und Sakrament,

mit deinem Trost und Segen!
Bleibe bei uns, wenn über uns kommt
die Nacht der Trübsal und Angst,
die Nacht des Zweifels und der Anfechtung,
die Nacht des bitteren Todes!
Bleibe bei uns,
bei all deinen Kindern
in Zeit und Ewigkeit![15]

Wer schließlich gar nicht beten kann, der möge einfach still dasitzen, die Hände falten und die wenigen Worte denken: »Herr, so steht es mit mir. Bitte, hilf mir!« Beten heißt ja nicht bloß: sprechen mit Gott. Beten heißt letztlich »sich von Gott betrachten lassen« (Carlo Carretto). Gott braucht unsere schönen, gutgewählten Worte nicht. Er braucht nur unsere Zeit – und mit der Zeit uns selbst!

Aus dem Leben des heiligen Pfarrers von Ars (1786–1859) wird berichtet, daß er einem Bauern begegnet ist, der stundenlang in der Kirche saß. Auf die Frage, was er so lange Gott zu sagen habe, meinte dieser: »Ich sage nichts, *er* sieht mich, ich sehe *ihn*…«

Es ist wohltuend, wenn ein grundgütiger Mensch einen lang und tief anschaut. Solches Sich-anschauen-Lassen und Zuhören ist bereits Gebet. Wer Gott seine Zeit schenkt, betet bereits.

Das alles will geübt sein. Auf Anhieb gelingt es meistens nicht. Wer aber durchhält, kann erfahren, was der heilige Kirchenlehrer Bernhard von Clairvaux (1090–1153), einer der ersten Äbte und wichtigsten Erneuerer der Zisterzienser, einmal gesagt hat: »Der ruhige Gott macht alles ruhig.« Der Verzagte »fängt« sich wieder.

Beten ist kein Luxus, sondern eine Schicksalsfrage für jeden Menschen. Am Gebet entscheidet sich nicht bloß das Überleben eines Menschen, sondern sein menschenwürdiges Weiterleben. Wie oft kommt alles anders, als wir gedacht haben! Wie oft stürzen wir heraus aus unserem Lebensentwurf! Da erfahren wir im Gespräch mit Gott, daß wir nicht allein gelassen sind. Gott ist und bleibt bei uns, wenn wir ihn darum bitten.

Das ist das Wunderbare an Gott: *er* hört nicht nur zu, wenn wir mit ihm sprechen, sondern *er* hört hin, ist »ganz Ohr«. Gott ist brennend an unseren Anliegen interessiert; er nimmt sich zu Herzen, was von Herzen kommt. Gott wartet auf unseren Anruf. Alles, was wir ihm sagen, wird sein Anliegen. Und unser Leid wird halbiert!

Der frühere israelische Ministerpräsident David Ben Gurion (1886–1973) hat einmal den Religionsphilosophen Martin Buber gefragt: »Warum glauben Sie an Gott?« Martin Buber gab ihm zur Antwort: »Wäre Gott einer, von dem man reden kann, würde ich nicht glauben. Weil er aber ein Gott ist, zu dem und mit dem man reden kann, darum glaube ich an ihn.« Beten macht menschlich; es hilft, um in der Wüste nicht zu verzweifeln – allein dadurch, daß Gott da ist und zuhört…

Gebetsversuche

Wer nicht beten kann, sollte wenigstens Gebetsversuche machen. Je nach Verfassung empfehlen sich diese Stoßgebete:

Herr, sieh mich an! Es genügt mir,
daß du alles weißt!
Laß mich nicht allein!
Bleibe bei mir!
Dein Wille geschehe!
Laß mich nicht verzweifeln!
Schick mir irgendeinen rettenden Engel! Du hast selbst einen rettenden Engel im Garten Getsemani erfahren.
Herr, ich weiß nicht ein noch aus. Sei mir gnädig und hilf mir doch!
Ich gebe mein Leben in deine Hand.
In deinen Armen bin ich sicher. Wenn du mich hältst, habe ich nichts zu fürchten.
Mein Jesus, Barmherzigkeit!

Wo wir ihn finden können

Zu Rabbi Josua kam ein Heide. Er hatte viele Fragen an den Meister und wollte von ihm vieles wissen.

»Sag Rabbi, warum sprach Gott aus einem Dornbusch, um mit Mose zu reden?«

Rabbi Josua antwortete: »Hätte Gott einen Ginsterstrauch oder einen Maulbeerbaum gewählt, so würdest du mir wohl die gleiche Frage gestellt haben. Aber ich will dich nicht ohne Ant-

wort lassen: Gott hat gewiß den ärmlichen und kleinen Dornbusch gewählt, um uns zu belehren, daß er überall auf der Erde anwesend ist, selbst in einem Dornbusch.«

Eine rabbinische Geschichte

Leiden aus der Hand Gottes annehmen

Trage alles in Geduld! Die Leiden sind wie Gewitterwolken: In der Ferne sehen sie schwarz aus, über uns kaum grau.

Jean Paul

In dem Maße meiner Leiden gibt Gott mir den Mut. Ich fühle, daß ich für den Augenblick nicht mehr zu ertragen vermöchte. Aber ich habe keine Angst, da mein Mut mit den zunehmenden Leiden auch gleichzeitig größer wird.

Therese von Lisieux

Der Schmerz ist ein heiliger Engel, durch ihn sind die Menschen größer geworden als durch alle Freuden der Welt.

Adalbert Stifter

Nehmt euer Leiden an als eine Umarmung und macht es zu Segen, indem ihr es annehmt aus der Hand des Vaters!

Johannes Paul II.

Niemand soll Gott um Trübsale bitten in der Meinung, sie ertragen zu können. Wer das erträgt, was Gott ihm so täglich schickt, der tut bereits nichts Geringes.

Philipp Neri

Alle Bücher, die ich gelesen habe, haben mir den Trost nicht gegeben, den mir dies Wort der Bibel gab: »Der Herr ist mein Hirte, mir wird nichts mangeln.«

Immanuel Kant

Das Kreuz ist eine Last von der Art, wie es Flügel für die Vögel sind: Sie tragen aufwärts.

Bernhard von Clairvaux

Der Glaube erfährt die innere Vollmacht, Leiden zu bejahen ... Bejahen bedeutet zweierlei: Leiden ohne Zorn und ohne Verzweiflung zu tragen, weil es nicht von jener göttlichen Liebe trennen kann.

Wilhelm Dantine

Herr! Schicke, was du willst,
ein Liebes oder Leides!
Ich bin vergnügt, daß beides
aus deinen Händen quillt.
Wollest mit Freuden
und wollest mit Leiden
mich nicht überschütten!
Doch in der Mitten
liegt holdes Bescheiden.

Eduard Mörike

Je dunkler die Nacht,
desto heller die Sterne,
Je tiefer der Schmerz,
desto näher ist Gott.

Abram Terz

Anmerkungen

1 Willi Hoffsümmer, Kurzgeschichten. 3.244 Kurzgeschichten für Gottesdienst, Schule und Gruppe, Matthias-Grünewald-Verlag, Mainz 1987, S. 38f.

2 Georg Moser, Auf dem Weg zu mir selbst, Verlag Herder, Freiburg i. Br. 1982, S. 48.

3 Adalbert Ludwig Balling, Gott ist da, wo es hell ist. Minuten-Meditationen, Verlag Herder, Freiburg i. Br. 1988, S. 96.

4 Viktor E. Frankl, Psychotherapie für den Laien, Herderbücherei Bd. 387, Freiburg-Basel-Wien, 12. Auflage 1986.

5 Clemens Brentano, Alle Ruhe ist in dir, Verlag Herder, Freiburg i. Br. 1989.

6 Phil Bosmans, Worte zum Menschsein, Verlag Herder, Freiburg i. Br. 1986, S. 33.

7 Bischof Georg Moser, Mut zur Liebe. Verlag Herder, Freiburg i. Br. 1987, S. 39.

8 Phil Bosmans, Worte zum Menschsein, Verlag Herder, Freiburg i. Br. 1986, S. 55f.

9 Kurzgeschichten. 22 Kurzgeschichten für Gottesdienst, Schule und Gruppe, herausgegeben von Willi Hoffsümmer, Matthias-Grünewald-Verlag, Mainz, 3. Auflage 1985, S. 122.

10 Eine Parabel aus Taizè, aus: Geschichten wie Spiegel des Herzens, herausgegeben von Willi Hoffsümmer, Matthias-Grünewald-Verlag, Mainz 1986, S. 42.

11 Balling, a.a.O., S. 114.

12 Aus: Willi Hoffsümmer, Kurzgeschichten. 3.244 Geschichten für Gottesdienst, Schule und Gruppe, Matthias-Grünewald-Verlag, Mainz 1987, S. 37.

13 Balling, a.a.O., S. 100.

[14] Aus: Du hast mich heimgesucht bei Nacht, herausgegeben von Helmut Gollwitzer, Käthe Kuhn, Reinhold Schneider, GTB Siebenstern, Gütersloh, 6. Auflage 1980, S. 80.

[15] Jörg Zink, Wie wir beten können, Kreuz-Verlag, Stuttgart, S. 87.

Die Lebenskunst der Klöster

Münsterschwarzacher Kleinschriften

1	Anselm Grün, **Gebet und Selbsterkenntnis**	1979/2002
2	Basilius Doppelfeld, **Der Weg zu seinem Zelt**	1979
3	Fidelis Ruppert/Anselm Grün, **Christus im Bruder**	1979
5	André Louf, **Demut und Gehorsam**	1979
6	Anselm Grün, **Der Umgang mit dem Bösen**	1980/2001
7	Anselm Grün, **Benedikt von Nursia**	1979
11	Anselm Grün, **Der Anspruch des Schweigens**	1980
13	A. Grün, **Lebensmitte als geistl. Aufgabe**	1980/2001
14	Basilius Doppelfeld, **Höre – nimm an – erfülle**	1981
15	Edgar Friedmann, **Mönche mitten in der Welt**	1981
17	Fidelis Ruppert/Anselm Grün, **Bete und Arbeite**	1982
18	Jean Lafrance, **Der Schrei des Gebetes**	1983
19	Anselm Grün, **Einreden**	1983/2001
22	Anselm Grün, **Auf dem Wege**	1983/2002
23	Anselm Grün, **Fasten**	1984/2001
25	Guido Kreppold, **Die Bibel als Heilungsbuch**	1985
26	A. Louf/M. Dufner, **Geistliche Vaterschaft**	1984
28	M. W. Schmidt, **Christus finden in den Menschen**	1985
29	Grün/Reepen, **Heilendes Kirchenjahr**	1985/2001
30	Durwell, **Eucharistie – das österl. Sakrament**	1985
31	Basilius Doppelfeld, **Mission**	1985
32	Anselm Grün, **Glauben als Umdeuten**	1986/2002
36	Anselm Grün, **Einswerden**	1986/2003
37	Brackenstein Comm., **Regel f. einen neuen Bruder**	1986
39	Anselm Grün, **Dimensionen des Glaubens**	1987
41	Johanna Domek, **Gott führt uns hinaus ins Weite**	1987
44	Anselm Grün/Petra Reitz, **Marienfeste**	1987/2001
46	Anselm Grün/Michael Reepen, **Gebetsgebärden**	1988/2002
47	Emmanuela Kohlhaas, **Es singe das Leben**	1988
50	Anselm Grün, **Chorgebet und Kontemplation**	1988/2002
52	A. Grün, **Träume auf dem geistlichen Weg**	1989/2001
57	Grün/Dufner, **Gesundheit als geistliche Aufgabe**	1989/2001
58	Anselm Grün, **Ehelos – des Lebens wegen**	1989/2003
59	Dumitru Staniloae, **Gebet und Heiligkeit**	1990
60	Anselm Grün, **Gebet als Begegnung**	1990/2001
61	Basilius Doppelfeld, **Mission als Austausch**	1990
62	Abeln/Kner, **Kein Weg im Leben ist vergebens**	1990/2003
63	Faricy/Wicks, **Jesus betrachten**	1990

64 Anselm Grün, **Eucharistie und Selbstwerdung** 1990/2002
65 Basilius Doppelfeld, **Ein Gott aller Menschen** 1991
66 Abeln/Kner, **Wie werde ich fertig m. m. Alter?** 1992/2002
67 A. Grün, **Geistl. Begleitung b. d. Wüstenvätern** 1992/2002
68 Anselm Grün, **Tiefenpsych. Schriftauslegung** 1992/2002
69 Basilius Doppelfeld, **Symbole, Teil 1** 1993
71 Anselm Grün, **Bilder von Verwandlung** 1993/2001
73 Wunibald Müller, **Meine Seele weint** 1993/2001
74 McDonnell/Montague, **Die Flamme neu entfachen** 1993
75 Herbert Alphonso, **Die Persönliche Berufung** 1993/2002
76 Anselm Grün/Gerhard Riedl, **Mystik und Eros** 1993/2001
77 Gabriele Ziegler, **Der Weg zur Lebendigkeit** 1993
78 Basilius Doppelfeld, **Symbole, Teil 3** 1993
79 Fidelis Ruppert, **Der Abt als Mensch** 1993
80 Boniface Tiguila, **Afrikanische Weisheit** 1993
81 Anselm Grün, **Biblische Bilder von Erlösung** 1993/2001
82 A. Grün/M. Dufner, **Spiritualität von unten** 1994/2002
83 Basilius Doppelfeld, **Symbole, Teil 4** 1994
84 Mauritius Wilde, **Ich verstehe dich nicht!** 1994
85 R. Abeln/A. Kner, **Das Kreuz mit dem Kreuz** 1994
86 Fidelis Ruppert, **Mein Geliebter, die riesigen Berge** 1995
87 Basilius Doppelfeld, **Zeugnis und Dialog** 1995
88 Edgar Friedmann, **Die Bibel beten** 1995
89 W. Müller, **Gönne dich dir selbst** – Jetzt als Hardcover!
90 Fidelis Ruppert, **Intimität mit Gott** 1995/2002
91 George F. Simons, **Religiöse Erfahrung, Teil 2** 1995
92 Anselm Grün, **Leben aus dem Tod** 1995/2001
93 Anselm Grün, **Treue auf dem Weg** 1995
94 Edgar Friedmann, **Ordensleben** 1995
95 Hermann M. Stenger, **Gestaltete Zeit** 1996
96 Basilius Doppelfeld, **Bleiben** 1996
97 Christian Schütz, **Mit den Sinnen glauben** 1996
98 Karin Johne, **Wortgebet und Schweigegebet** 1996
99 Anselm Grün, **Das Kreuz** 1996
100 A. Grün/A. Seuferling, **Schöpfungsspiritualität** 1996/2002
101 Basilius Doppelfeld, **Lassen** 1996
102 Anselm Grün, **Wege zur Freiheit** 1996/2003
103 Kreppold, **Krisen – Wendezeiten im Leben** 1997/2001
104 Irmgard u. Peter Abel, **Familienleben** 1997/2002
106 Anselm Grün, **Exerzitien für den Alltag** 1997/2001
107 Karl-Friedrich Wiggermann, **Das geistliche Wort** 1997

108	F. Ruppert/A. Stüfe, **Der Abt als Arzt ...**	1997
109	H. Nouwen, **Unser Heiliges Zentrum finden**	1998/2003
110	Georg Braulik, **Zivilisation der Liebe**	1998
111	Wunibald Müller, **Wenn du ein Herz hast ...**	1998
112	Kreppold, **Selbstverwirklich o. Selbstverleugnung?**	1998
113	Basilius Doppelfeld, **Erinnern**	1998
114	Anselm Grün, **Zerrissenheit**	1998/2001
115	Wiggermann, **Spiritualität und Melancholie**	1998
116	Reinhard Körner, **Was ist Inneres Beten?**	1999/2002
117	Christa Carina Kokol, **Wie bist du, Gott?**	1999
118	Gabriele Ziegler, **Sich selbst wahrnehmen ...**	1999
119	R. Abeln/A. Kner, **Sieh auf das, was vor dir liegt**	1999
120	Anselm Grün, **Vergib dir selbst**	1999/2001
121	D. Koller, **Trinitarisch glauben, beten, denken**	1999
122	Kreppold, **Träume – Hoffnung für das Leben**	1999/2001
123	Günther Biemer, **Glaubensbekenntnis**	2000
124	Basilius Doppelfeld, **Loslassen und neu anfangen**	2000/2002
125	Abeln/Kner, **Auf der Suche nach Geborgenheit**	2000
126	Pierre Stutz, **Licht in dunkelster Nacht**	2000/2001
127	Wunibald Müller, **Dein Herz lebe auf**	2000/2002
128	Anselm Grün, **Vom Schutz des Heiligen**	2001
129	Guido Kreppold, **Esoterik**	2001
130	Mauritius Wilde, **Der spirituelle Weg**	2001
131	Domek, Metanoia, **12 Schritte a. d. Abhängigkeit**	2001
132	Läpple, **Der überraschende Gott**	2002
133	Johanna Domek, **Die Sehnsucht weiß mehr**	2002
134	Klaus-Stefan Krieger, **Gewalt in der Bibel**	2002
135	Hubert Luthe/Máire Hickey, **Selig bist du**	2002
136	Meinrad Dufner, **Schöpferisch sein**	2002
137	B. Ulsamer/M. Hell, **Wie hilft Familienstellen?**	2003
138	L. Kuld, **Compassion – Raus aus der Ego-Falle**	2003

VIER-TÜRME-VERLAG

Vier-Türme GmbH, Verlag
Schweinfurter Straße 40 · D-97359 Münsterschwarzach Abtei
Telefon 09324/20-292 · Telefax 09324/20-495
Bestellmail: info@vier-tuerme.de / www.vier-tuerme.de

Reinhard Abeln
Anton Kner
Was im Leben wichtig ist

Gebunden, 104 Seiten
ISBN 3-87868-273-5

»Wie meistere ich mein Leben?« Niemand kommt an dieser Frage vorbei. Die Autoren können auf eine reiche Lebenserfahrung zurückblicken. Sie erzählen von guten und empfehlenswerten Wegen und davon, was im Leben wirklich wichtig ist: Jeder Mensch braucht Liebe, Vertrauen, Lob und Freude. Und er braucht das Gespräch, das Gespräch mit den Menschen und mit Gott.

Vier-Türme-Verlag
97359 Münsterschwarzach Abtei
Telefon 0 93 24 / 20-292 · Telefax 0 93 24 / 20-495
Bestellmail: info@vier-tuerme.de
www.vier-tuerme.de

Anselm Grün

Der Weg durch die Wüste

40 Weisheitssprüche der Wüstenväter

Halbleinen, 104 Seiten
ISBN 3-87868-271-9

Die Sprüche der Wüstenväter handeln von Dämonen und Engeln, vom Kampf mit den Leidenschaften und dem Erlangen inneren Friedens, von Schuld, Haß und Liebe. Anselm Grün legt die in ihnen verborgene Weisheit frei: Sie lehren den Weg zu einer Freiheit des Geistes, ohne die selbstbestimmtes Leben nicht möglich ist.

Vier-Türme-Verlag

97359 Münsterschwarzach Abtei
Telefon 0 93 24 / 20-292 · Telefax 0 93 24 / 20-495
Bestellmail: info@vier-tuerme.de
www.vier-tuerme.de

Reinhard Abeln
Anton Kner
Wie werde ich fertig mit meinem Alter?

ISBN 3-87868-438-X

Reinhard Abeln und Anton Kner geben zehn goldene Ratschläge, die helfen, das Alter anzunehmen und die Chancen zu entdecken, die es bereithält. Ihr Optimismus und gesunder Mutterwitz spiegeln die eigene Erfahrung des Altwerdens wider.

Vier-Türme-Verlag
97359 Münsterschwarzach Abtei
Telefon 0 93 24 / 20-292 · Telefax 0 93 24 / 20-495
Bestellmail: info@vier-tuerme.de
www.vier-tuerme.de